« Tout dans l'État, rien contre l'État, rien en dehors de l'État ».

Benito Mussolini (1883-1945)

« Tandis que l'État existe, pas de liberté ; quand régnera la liberté, il n'y aura plus d'État ».

Lénine (1870-1924).

Aux combattants

Quand les hommes parlent de l'avenir, les démons se mettent à rire, c'est pourquoi l'acquisition d'une vision à 360° de la réalité présente, de plus en plus hostile du fait de sa complexité croissante, est vitale pour ceux qui ont l'ambition de guider les masses, d'offrir leur vie pour le triomphe de la justice économique et sociale.

Tels des initiés maçonniques ayant franchi tous les stades de l'élévation jusqu'au trentième degré (Chevalier Kadosh), l'étude de ce manifeste anarcho-identitaire leur donnera les moyens d'atteindre leur but en enrichissant leur propre réflexion. Ils ne seront plus seulement convaincus d'être exploités par des menteurs professionnels, des parasites exécutant un gigantesque plan de transfert de richesses, ils seront en mesure d'échapper à leurs pièges, prospérer, et les humilier intellectuellement lorsque se présentera l'occasion de débattre avec eux.

Les êtres faibles ne cherchent qu'à s'entourer de médiocres. Les surhommes rêvent de vivre parmi les dieux et lorsqu'ils n'en trouvent pas, ils les mettent au monde.

XI
Sion

L'impérialisme et l'extrême violence des « valeurs républicaines » faisaient de la France un trop parfait modèle d'État meurtrier pour être l'objet d'un ressentiment viscéral de la part des militaristes Allemands. Afin de constituer une base politique assez large pour parvenir démocratiquement au pouvoir et s'y maintenir, **Hitler** avait besoin d'un bouc émissaire, à ses yeux plus noir, plus rancunier, plus étrange, plus ancien et davantage mondialisé. Quel meilleur candidat que le Juif ? Après la France, il sera désigné comme le grand ennemi de l'Allemagne. Sa stigmatisation est d'abord une façon de s'en prendre à un ennemi accusé de diviser la nation :

« Car l'intérêt des Juifs est aujourd'hui de faire couler, jusqu'à épuisement, le sang du mouvement völkisch dans une lutte religieuse au moment où il devient un danger pour les Juifs. (...)

Les querelles confessionnelles ont parfois atteint pendant ces dernières années une telle acuité que des milieux völkisch, en proie à un aveuglement qui frappe ceux que Dieu abandonne, ne voyaient pas à quel point leur conduite était insensée, tandis que des journaux marxistes et athées se faisaient au besoin les avocats de confessions religieuses et, en colportant d'un camp à l'autre des déclarations dont la sottise dépassait parfois toute mesure, et qui était mis à la charge de l'une ou l'autre des parties, s'efforçait de jeter de l'huile sur le feu. (...) Pendant que nous nous consumions dans nos querelles religieuses, les autres peuples se partageaient le reste du monde. »

Mein Kampf (Tome 2, Chapitre X)

La nécessité de fédérer tous les Allemands (catholiques et protestants) contre un ennemi commun est à l'origine de l'antijudaïsme d'**Hitler**. Cet antijudaïsme n'a pas une origine personnelle, culturelle, ou théologique. Il s'est construit intellectuellement. Il est utile politiquement. Il est même indispensable, car **Hitler** n'est pas un monarque comme les **Hohenzollern** ou les **Habsbourg**. Il a besoin de se forger une légitimité aussi solide et flamboyante que l'alliage d'or et d'argent de la couronne impériale. Élevé dans le totalitarisme monothéiste abrahamique, il n'est jamais parvenu à s'en affranchir. Tout en proclamant que le Juif est l'ennemi de l'humanité selon la technique du bouc émissaire et qu'il doit être châtié pour ses méfaits selon la loi du talion, **Hitler** l'idéalise pour séduire le peuple Allemand et lui faire croire qu'il pourrait être le nouveau « peuple élu », maître du monde. Il confond, ici encore, Nation et État et voit dans la nation juive un concurrent à abattre, un État dans l'État :

« C'est ainsi que le Juif a, de tous temps, vécu dans les États d'autres peuples ; il formait son propre État qui se dissimulait sous le masque de « communauté religieuse » tant que les circonstances ne lui permettaient pas de manifester complètement sa vraie nature. (...)

Le Juif est devenu complètement sédentaire, c'est-à-dire qu'il occupe un quartier particulier dans les villes et les bourgs et forme de plus en plus un État dans l'État. »

Mein Kampf (Tome 1, Chapitre XI)

La nation juive est désignée comme une nation commerçante, donc parasitaire selon la conception antique qui oppose les métiers de services (banque, commerce) aux métiers manuels (artisanat, agriculture, armes). Mais qui est le parasite ? Le commerçant qui n'oblige personne à payer pour ses services ou le seigneur qui vit du racket fiscal ? **Hitler** n'a que faire de la justice et du bon sens. Il utilisera la figure du Juif dans une prophétie qui menace l'humanité toute entière si elle ne le suit pas dans son combat. Ce pessimisme extrême est unique dans l'histoire des idées politiques. Il se rapproche de l'évangile de l'apocalypse selon **Saint Jean** (les détails en moins). C'est ce mélange de mysticisme religieux péremptoire, de considérations pratiques et de faits historiques, qui rapproche *Mein Kampf* d'une bible réformée. Dans les lignes qui suivent, Adolf **Hitler** ne se présente pas comme un « simple » chevalier teutonique : croyant, obéissant, modeste, célibataire, végétarien, qui ne boit pas, ne fume pas, dont la seule décoration est la croix de fer de 1ère classe (donné pour bravoure à 218 000 hommes sur 13,2 millions de soldats mobilisés en 1914-1918). **Hitler** se voit en héros envoyé par Dieu pour sauver l'humanité d'une fantasmagorique annihilation hébraïque :

« *Si le Juif, à l'aide de sa profession de foi marxiste, remporte la victoire sur les peuples de ce monde, son diadème sera la couronne mortuaire de l'humanité. Alors notre planète recommencera à parcourir l'éther comme elle l'a fait il y a des millions d'années : il n'y aura plus d'Hommes à sa surface. (...)*

L'effet produit par sa présence est celui des plantes parasites : là où il se fixe, le peuple qui l'accueille s'éteint au bout de plus ou moins longtemps. (...)

La nature éternelle se venge impitoyablement quand on transgresse ses commandements. C'est pourquoi je crois agir selon l'esprit du tout-puissant, notre créateur, car : en me défendant contre le Juif, je combats pour défendre l'œuvre du Seigneur. »

Mein Kampf (Tome 1, Chapitre XI et Tome 1, Chapitre II)

La « Solution finale de la question juive » est la conséquence de ce raisonnement. Elle se concrétisera en programme d'extermination début 1942, au moment où l'Allemagne est en marche vers son écrasement face à des puissances (USA, URSS, RU) aux ressources humaines et industrielles très supérieures. L'incroyable victoire de l'Allemagne contre la France en juin 1940 a placé **Hitler** dans la position du joueur qui a fait « sauter la banque ». Il était déjà convaincu que l'armée allemande était invincible depuis qu'elle força les Russes à la reddition en 1917 tout en résistant aux assauts furieux franco-anglais du front de l'ouest. Persuadé d'être un génie militaire plus inspiré et résolu qu'aucun conquérant du passé, il va multiplier les fronts. C'est lui qui (dans une logique de retour à l'Âge de Fer), a renoncé à conquérir le Moyen-Orient riche en pétrole, préférant accroître l'espace agricole allemand par l'agression sans sommation de son complice soviétique le 22 Juin 1941. Et c'est lui qui a déclaré la guerre aux USA le 11 décembre 1941 ! Fin 1941, 700 000 soldats allemands sur le front de l'Est sont morts et autant sont gravement blessés. Dès qu'il réalisa que la Wehrmacht n'a plus les moyen d'une victoire décisive dans un schéma d'écrasement à la **Clausewitz**, il va se chercher des adversaires – moins coriaces – à l'intérieur du Reich. Piégé dans sa guerre contre tous, le judéocide servira à « équilibrer le prix du sang ». Il ne pouvait concevoir que des millions de braves soient sacrifiés tandis que se reproduiraient Juifs, Tziganes, déviants sexuels, attardés mentaux, communistes, anarchistes, francs-maçons, Chrétiens. Le judéocide s'est appuyé sur la théorie du complot juif mondial, à la fois bolchevique et libéral (*sic*). Si le Reich fut bombardé et envahi, c'est parce qu'il s'en serait pris aux Juifs. La vérité est que si **Hitler** s'était contenté de tuer tous les Juifs du Reich sans déclarer la guerre quiconque, nul ne serait entré en guerre contre l'Allemagne.

Après avoir vaincu le Reich allemand et attendu la faillite (inéluctable) de l'économie soviétique, les

États-Unis se trouvent désormais seuls en tant que puissance impériale, avec la ferme intention d'imposer leurs lois et traiter tous les États du monde en vassaux. Ceux qui résistent doivent être châtiés, coupables de contrarier les plans du dieu de la Bible. Depuis Abraham **Lincoln** (1809-1865), l'Amérique se considère comme la nouvelle Sion, phare du monde, protecteur d'Israël, l'État ultime, l'État sacré, l'État divin. Les Juifs américains ont davantage de recul sur la nature d'Israël qu'ils voient comme un petit pays et un grand… ghetto.

Au 7ème siècle avant notre ère, Israël était un riche royaume, situé au nord du très pauvre royaume de Juda. Dans la dix-huitième année de son règne (en - 621), **Josias**, roi de Juda, entreprit d'absorber son voisin du nord et donner aux deux royaumes fusionnés le nom… d'Israël. Conscient que la conquête matérielle n'est rien si elle n'est pas légitimée par quelque superstition religieuse, **Josias** fit détruire tous les temples païens d'Israël et leurs idoles, tel le Veau d'Or inventé 300 ans plus tôt par le roi **Jéroboam**, fondateur du royaume israélien. **Josias** mis un terme à l'immolation d'enfants au dieu Baal et supprima la prostitution sacrée qui s'exerçait aux abords du Temple de **Salomon**. Il fit du dieu Yahvé le dieu principal de sa religion et centralisa son culte dans sa capitale, Jérusalem. Pour parachever son projet, il lui fallait la caution d'une loi divine, d'une loi transmise à l'ensemble du peuple par Yahvé en personne, d'une loi susceptible de faire le lien entre les patriarches de la légende (Adam, Noé, Abraham) et les rois fondateurs de Juda (**David**, **Salomon**). Cette Loi devait faire du peuple de Juda-Israël un ennemi irréductible de l'Égypte et de son pharaon **Nékao II** qui finira par tuer **Josias** au cours de la bataille de Megiddo (-609).

Historiquement, l'Exode du peuple Hébreux d'Égypte est une pure invention. C'est **Josias** qui a interdit le culte du Veau d'Or inventé par **Jéroboam** 1er et non le mythique Moïse (aux miracles mille fois plus spectaculaires que ceux de **Jésus)**. C'est aussi **Josias** qui a inventé la fête de Pessah' qui célèbre le mythe de l'Exode. Il n'existe aucune trace archéologique ou historique d'un quelconque peuple Hébreux chez les Égyptiens qui répertoriaient le moindre événement (Moïse est censé avoir côtoyé trois Pharaons et noyé l'un d'eux dans la mer rouge). Les poteries et les amulettes des Judéens du temps **David** et **Salomon** étaient identiques à celles retrouvées dans les cités Cananéennes qui s'étaient effondrées quelques siècles auparavant. Si les Judéens s'étaient échappés d'Égypte, elles seraient de style égyptien, non cananéen ! *Idem* pour les croyances et l'alphabet des Judéen, d'origine cananéenne.

L'absence de preuves archéologiques d'une présence hébraïque en Égypte est renforcée par la logique : les rouleaux du « Livre de la Loi » auraient été découverts par hasard lors de la rénovation du Temple de Jérusalem. Mais ni **David** ni son fils **Salomon** (qui fit ériger le Temple) ne les connaissaient ! L'Exode représente toutefois 99% de l'importance politique de la Torah. Sa finalité est la fondation du peuple du dieu Yahvé qui a consulté un à un tous les peuples de la Terre pour leur offrir d'être le dépositaire de sa parole sacrée avec comme prix à payer : jalousie universelle et persécution éternelle. Tous refusèrent, sauf les « Hébreux » qui devinrent le « peuple élu ».

Contrairement à ses prédécesseurs, **Josias** était un roi puissant ayant à sa disposition de nombreux scribes et érudits. Correspondants aux ambitions de **Josias**, la pseudo-découverte du « Livre de la Loi » dans le Temple de **Salomon**, fut une façon habile d'attribuer une législation à de prestigieux prédécesseurs selon la technique très répandue à l'époque de la pseudépigraphie. En l'an -587,

Nabuchodonosor conquit Jérusalem, détruisit le Temple, et déporta une partie des Judéens dans sa capitale Babylone. Cet exil réel (contrairement à celui des « Hébreux » en Égypte) donna du prestige à Torah : l'histoire semblait se répéter. À Babylone, la Torah fut travaillée, complétée et figée définitivement. Ces Juifs déportés fustigèrent la dépravation des idolâtres qui régnaient dans la cité babylonienne et prirent pour modèle les pieux Zoroastriens, adorateur d'un dieu unique : Ahura Mazda, dont ils changèrent toutefois les attributs pour en faire un dieu « descendant » (alors que c'est un dieu « ascendant », en construction permanente), pour en faire un dieu parfait, un dieu dictateur. Plus de mille ans plus tard, les mahométans emprunteront la même voie. *Allahouakbar* signifie « Dieu est le plus grand ». Le plus grand de quoi ? Le plus grand des dieux ! L'affirmation coranique selon laquelle « Il n'est de dieu qu'Allah... » est révélatrice de l'environnement polythéiste qui préexistait. Le monothéisme est à ce point une invention des Zoroastriens que les musulmans considèrent ces derniers comme des « gens du livre » au même titre que Juifs et Chrétiens. C'est au contact du roi zoroastrien **Cyrus le Grand** qui mit un terme à leur déportation à Babylone en l'an -538, que les Juifs devinrent résolument monothéistes. Le prophète **Isaïe** voit même **Cyrus** comme le Messie :

« *Je dis de Cyrus : il est mon berger, et il accomplira toute ma volonté ; il dira de Jérusalem : quelle soit rebâtie ! Et du Temple : qu'il soit fondé ! (...) Ainsi parle l'Éternel à son Messie, à Cyrus, qu'il tient par la main, pour écraser les nations devant lui et pour désarmer les rois, pour lui ouvrir les portes des villes afin qu'elles ne lui soient plus fermées : Je marcherai moi-même devant toi, J'aplanirai les chemins montueux, Je romprai les portes d'airain et Je biserai les verrous de fer. Je te donnerai des trésors cachés, des richesses enfouies, afin que tu reconnaisses que Je suis l'Éternel, qui t'appelles par ton nom : le Dieu d'Israël ».*

(Isaïe 44 - 28 ; 45 – 1,2,3)

Admiratifs du zoroastrisme et de **Cyrus**, les Juifs bannirent les dieux compagnons de Yahvé, y compris son épouse, la déesse Ashera. La Torah devint le verbe de Dieu et le pilier de la survie spirituelle et identitaire de ce peuple qui relativisa l'attachement à la terre des pères (la patrie). Nul besoin d'une terre lorsque l'on a la Torah. C'est en quoi le sionisme, la reconquête de la Palestine, et la création de l'État d'Israël en 1948, constitue une nouveauté, une rupture. L'idéologie sioniste s'est développée parallèlement et en réaction aux mouvements nationalistes et aux guerres européennes des 19ème et 20ème siècles. Le premier mouvement sioniste date de 1882 : *Hibat Sion* (les amants de Sion) à l'initiative du rabbin Samuel **Mohilever**. Le mot « sionisme » sera inventé en 1886 par le philosophe et journaliste Autrichien Nathan **Birnbaum**. Comme toutes les identités, Israël est la propriété de ceux qui s'en emparent et se battent pour la faire vivre. Les Américains ne sont pas les premiers mais les derniers à l'avoir compris.

Lincoln est l'inventeur de l'identité biblique de l'Amérique qu'il imposa par les armes lors de la *Civil War* (la guerre de sécession). Le dieu de la Torah a créé deux humanités : celle des élus, appelés à régner, et celle des non-élus, appelés à servir. Pour **Lincoln**, il est évident que les Américains sont le nouveau peuple élu, leur prospérité en serait le signe (cette conception s'oppose à l'idéologie catholique pour qui toute richesse matérielle est produite et distribuée par Satan). Le projet de **Lincoln** était de transformer l'Amérique en un empire puritain destiné à régner sur le monde, par les armes si nécessaire. En rejetant ce projet et en faisant sécession, les États sudistes plongèrent le pays dans une guerre qui, de 1860 à

1865, tua plus de soldats américains que toutes les guerres du vingtième siècle. Les sudistes n'avaient ni les moyens industriels, ni suffisamment d'hommes pour gagner leur indépendance. Ce qui a motivé les centaines de milliers de jeunes gens à donner leur vie, c'est la défense de leur identité, de leur culture fait d'humour, de liberté, de privilèges, et d'une forme d'élégance incompatible avec le fanatisme biblique Yankee. *In* « Sparte et les Sudistes », Maurice **Bardèche** (un des rares auteurs se revendiquant fascistes après 1945), nous fait comprendre combien le sudiste, conservateur, est philosophiquement éloigné du nordiste, impérialiste :

« Les femmes énergiques sont un produit sudiste. La nature a voulu que les femelles fussent vigoureuses : elles sont naturellement patientes et résistantes et portent volontiers des colis sur la tête. (...)

L'affection des enfants au père est sudiste, la

douceur du commandement est sudiste, et aussi la confiance, le respect. La vieille civilisation chinoise était sudiste. Le plus grand philosophe sudiste fut Confucius qui croyait à l'ordre immuable de toutes choses. (...) Mahomet était sudiste, lui aussi, dans un langage plus rude, qui sentait le cheval et le cuir des harnais. (...) Les sudistes sont une espèce d'hommes qu'on retrouve dans toutes les races et à travers tous les continents. (...)

C'est que l'inégalité, l'existence des castes, et surtout les privilèges, les fameux privilèges, sont des éléments de paix et de solidarité, des principes de stabilité et de réciprocité, les canaux d'une circulation continuelle des devoirs, du respect, de l'affection, du dévouement (...). On peut tromper des paysans Souabes et des Bretons qui n'écoutaient que leurs curés, on peut abuser le « bon nègre » qui ne se trouvait pas si malheureux dans sa plantation. Mais qui croira que des monarchies qui ont duré dix fois plus longtemps que nos meilleures républiques, furent, pendant tout ce temps, des régimes insupportables qui ne se maintenaient que par leur gendarmerie. »

La victoire nordiste de 1865 constitue le point de départ d'une sanglante épopée impérialiste. Après les sudistes, la cible des nouveaux « élus de Dieu » fut l'ouest américain, touché en plein cœur par le *Homesteade Act,* la loi de propriété fermière (la loi de la conquête de l'ouest), signée par Abraham **Lincoln** en 1862. Elle permit aux colons de devenir gratuitement propriétaires des terres qu'ils exploitaient à partir de 5 ans d'occupation (dans la limite de 160 acres, soit 65 hectares). Pour les colons pressés, le délai était ramené à 6 mois moyennant le paiement d'un droit de propriété de 1,25$ l'acre soit 200,2$ pour 65 hectares. Une fois l'ouest vidé de ses amérindiens et largement colonisé par des millions d'Européens attirés par l'*Homesteade Act,* l'impérialisme américain s'est... internationalisé.

Les interventions militaires états-uniennes vont frapper un à un tous leurs voisins dans le but de leur imposer des gouvernements fantoches. En 1891, au Chili et en Haïti. En 1895, au Nicaragua. En 1898, à Cuba, Porto Rico, Guam, et aux Philippines. En 1902, au Venezuela. En 1903, en Colombie et en République Dominicaine. En 1910, au Honduras. À partir de 1917, les États-Unis vont se jeter dans toutes les guerres du globe. L'implication actuelle des USA dans les guerres d'Israël est la continuité, sinon la finalité de cet impérialisme. Cette implication a sa logique propre, déconnectée des intérêts du peuple israélien comme du peuple américain. Si les puritains américains rêvent de rassembler tous les Juifs en Israël c'est pour les... convertir (au christianisme). En attendant le retour du Messie et son Armageddon (fin du monde), les puritains américains poussent à la guerre des civilisations qu'ils voient comme la guerre du Bien contre le Mal. Ils s'acharnent à intervenir de plus en plus dans les guerres de « terre sainte », peut être jusqu'au point de rupture, c'est-à-dire jusqu'à ce qu'une puissance décide qu'il est temps d'en finir avec « l'ordre » américano-sioniste et de confier une charge nucléaire à un groupe terroriste. Ivre de guerre et de Bible, les puritains pourraient aussi se retourner contre Israël si Washington décidait de devenir la nouvelle Sion. Deux peuples élus, c'est probablement… un de trop !

De manière générale, les puritains sont dangereux pour les Juifs qu'ils ont toujours, plus ou moins consciemment, rêvé de détruire. En 1543, à l'âge de 60 ans (en pleine maturité intellectuelle), le grand réformateur du christianisme Martin **Luther** a publié l'un des plus célèbres bréviaires anti-juifs : « Des Juifs et leur mensonges » qui sera largement diffusé par les nazis :

« Aussi, nous sommes nous-mêmes coupables si nous ne vengeons pas tout ce sang innocent de notre Seigneur et des Chrétiens qu'ils ont répandu pendant

les trois cents ans après la destruction de Jérusalem, et le sang des enfants qu'ils ont répandu depuis lors (qui brille encore de leurs yeux et de leur peau). Nous sommes fautifs de ne pas les tuer.

Au contraire, nous leur permettons de vivre librement dans notre milieu, en dépit de tous leurs meurtres, leurs imprécations, leurs blasphèmes, leurs mensonges et diffamations; nous protégeons et défendons leurs synagogues, leurs maisons, leurs vies et leurs biens. De cette façon, nous les rendons paresseux et tranquilles et nous les encourageons à nous plumer hardiment de notre argent et de nos biens, ainsi qu'à se moquer et à se railler de nous, avec comme but de nous vaincre, de nous tuer pour un tel péché et de prendre tous nos biens (comme ils le prient et souhaitent tous les jours). Maintenant, dites-moi s'ils n'ont pas toutes les raisons d'être les ennemis de nous, les maudits Goyim, et de nous maudire et de faire tout leur possible pour obtenir notre ruine finale, complète et éternelle ! »

Du viol d'enfants de chœur au tapis de bombes, Dieu pardonne tout au croyant qui implore sa miséricorde. Tel est la force perverse de l'abrahamisme. Mais quel que soit sa puissance : militaire, financière, médiatique, intellectuelle, intentionnelle, la politique qui viole l'éthique est condamnée à l'échec et donne toujours des résultats inverses à ceux escomptés. Les Allemands en savent quelque chose ! Les Américains le vont découvrir.

Le puissant bouclier spirituel qui a longtemps protégé les Juifs est contenu dans la Torah qui impose une partie de l'éthique (« *ne portes jamais matériellement et volontairement préjudice à autrui* »). C'est en cherchant à « ne pas faire le mal », qui devrait être l'ambition politique suprême, que l'on est assuré de rester dans le camp des justes ; qui ne peuvent être détruits. Il apparaît ainsi que le salut des Juifs réside davantage dans l'obéissance aux « Grands de Torah » qu'aux alliances politico-militaires.

« Sion » pourrait être le nom des États-Unis de demain (Sion a failli devenir le nom d'Israël en 1948). Déconnecté du peuple, beaucoup d'élus américains pensent que cela réglerait le problème identitaire de ce pays en voie de dissolution dans un multiculturalisme de plus en plus opaque et violent. Pour les « Démocrates », les Juifs sont la minorité idéale : travailleuse, non prosélyte, et en voie de disparition par assimilation. Pour les « Républicains », le sionisme serait à la fois un modèle de survie en tant que minorité (les Blancs sont de plus en plus minoritaires) autant qu'une voie pour la reconquête (à l'origine de l'Amérique, la minorité Blanche est parvenue à remplacer les indigènes). Le fanatisme pro-israélien des leaders politiques de la droite américaine contemporaine est aussi un moyen de défendre les Blancs sans passer pour des... NAZIS ! Le consensus sur Israël des politiciens démocrates et républicains est comparable à celui qui a prévalu pendant la seconde guerre mondiale. Par manichéisme et pragmatisme, les américains se sont alliés à l'URSS pour vaincre **Hitler**. Ils s'allient aujourd'hui à Israël jusqu'à la victoire contre ceux qu'ils pensent être leurs nouveaux ennemis : les Mahométans, frappés du même mal que les hitlériens, à savoir leur volonté de revenir à l'Âge de Fer.

La renaissance d'Israël et le décuplement de sa population depuis 1948 est une leçon pour toutes les nations. Qu'on l'aime ou qu'on le déteste, le sionisme est un modèle identitaire aux fondements bien plus solides que ceux du fascisme européen de naguère. Grâce à une volonté farouche, une identité forte, une démographie dynamique, et des citoyens en armes, il est possible de transformer une masse disparate de victimes faméliques en un peuple conquérant. Aux hommes, le devoir de travailler et tuer les ennemis. Aux femmes, le devoir d'enfanter en nombre et transmettre la tradition aux générations montantes. La procréation est la voie royale de la survie d'un peuple, mais elle ne se décrète pas. Elle doit venir d'un projet politique et spirituel d'envergure. Le secret de la stupéfiante réussite israélienne se manifeste dans le refus d'utiliser la main d'œuvre palestinienne, même pour les travaux les plus ingrats. Quand un peuple est capable de nettoyer ses chiottes, il est libre et en sécurité. Le maître entouré d'esclaves finit tôt ou tard la gorge tranchée.

Hitler s'est trompé sur le sionisme :

« Car lorsque le sionisme cherche à faire croire au reste du monde que la conscience nationale des Juifs trouverait satisfaction dans la création d'un État palestinien, les Juifs dupent une fois encore les sots Goyim de la façon la plus patente. Ils n'ont pas du tout l'intention d'édifier en Palestine un État Juif pour aller s'y fixer... »

Mein Kampf (Tome 1, Chapitre XI)

Hitler est l'exception qui confirme la règle. Il est le seul dirigeant d'importance à avoir décrété un judéocide. En plus de 1600 ans (de l'an 392 à aujourd'hui), l'Occident fut gouverné par des milliers de rois et de papes qui ont systématiquement tué hérétiques et infidèles. À part les Templiers et les Cathares, la plupart sont tombés dans l'oubli, mais les exterminés furent nombreux. Pourquoi les Juifs n'ont-ils pas subi le même sort ? Parce que pour les Chrétiens, les Juifs ne sont ni hérétiques, ni infidèles, ce sont des pré-chrétiens, des fidèles en la Torah qui deviendront chrétiens le jour où l'assemblée des baptisés, l'Église (en grec, « *ecclesia* », assemblée du peuple) sera véritablement saine et sainte. C'est pourquoi les Juifs furent les seuls « mécréants en **Jésus** » à être tolérés en Europe. Toléré ne veut pas dire accepté. Depuis toujours, Juifs et Goyim se comprennent mal et s'estiment mutuellement victimes.

Hitler a joué sur cette défiance réciproque, de même que tous les grands penseurs des années 1850-1945. Témoin de l'exode rural et de l'avènement de l'État omnipotent, ils entretinrent la nostalgie de l'ordre de l'Âge de Fer avec ses maîtres et ses esclaves, et fustigèrent l'instabilité dangereuse et les inégalités de l'Âge d'Argent dont les Juifs (n'étant ni maîtres ni esclaves) sont l'archétype social que l'on appellera « classe moyenne » après la seconde guerre mondiale. Pour ces auteurs, les Juifs méritent d'autant plus la stigmatisation qu'ils apparaissent indestructibles et néfastes, ancrés dans un lointain passé et promis à un brillant avenir en tant que bourgeois, cette classe supposée parasitaire et censée promouvoir à la fois le bolchevisme et le libéralisme. En 1937, dans « *Bagatelles pour un Massacre* », Louis-Ferdinand **Céline** essaye de combattre comme il le peut cette bourgeoisie juive réputée insubmersible et insupportable :

« *On me retirera pas du tronc qu'ils ont dû drôlement les chercher les persécutions ! Foutre bite ! Si j'en crois mes propres carreaux ! S'ils avaient fait moins les zouaves sur toute l'étendue de la planète, s'ils avaient moins fait chier l'homme ils auraient peut-être pas dérouillé !... Ceux qui les ont un peu pendus, ils devaient bien avoir des raisons... On avait dû les mettre en garde ces youtres ! User, lasser bien des patiences... ça vient pas tout seul un pogrom !... C'est un grand succès dans son genre un pogrom, une éclosion de quelque chose... C'est pas bien humainement croyable que les autres ils soient tous uniquement fumiers... ça serait trop joli... (...) En fait de victimes regardez donc un peu les Juifs à travers les âges... à travers tant et tant de guerres (une si petite population) ils s'en sont pas trop mal tiré, la preuve, ils n'ont jamais trop pâti, ils l'ont jamais eu si mauvaise que ces billes d'Aryens. Pleurer ça conserve !...* »

Mais aucun Belge, aucun Français, aucun Néerlandais, aucun Hongrois, aucun Tchèque, aucun Allemand n'a profité du nazisme pour aller tuer de ses mains les Juifs de son quartier. Comme Martin **Luther** en son temps, ou comme le dieu Allah dans le Coran, la presse anti-juive du $3^{\text{ème}}$ Reich ne se privait pas d'appeler au meurtre. Elle n'avait pas de mots assez durs contre le gouvernement nazi accusé de laxisme (officiellement les Juifs étaient déportés à l'Est pour y travailler pendant que les Allemands tombaient au front ou subissaient privations et bombardements). L'absence d'assassinats de Juifs par des particuliers, même chez les nazis fanatiques et malgré le travail acharné de la propagande, prouve que la liberté d'expression n'a pas besoin d'être régulée, encadrée, bridée. Les appels au meurtre ne suffisent pas pour que le sang coule : l'État seul est nécessaire et suffisant.

Sur le fond, si de nombreux pogroms anti-juifs

ont eu lieu jusqu'en 1945, ce fut toujours en Europe orientale et non « *sur toute l'étendue de la planète* ». Empêchés de cultiver la terre ou de servir dans les métiers des armes, les Juifs d'Europe de l'Est étaient forcés d'être artisans, commerçants, usuriers, supportant le risque de n'être jamais payés ou remboursés. D'autres étaient métayers auprès de grands propriétaires fonciers avec pour mandat de prélever les loyers auprès d'une paysannerie pauvre et frustre. En tant que « fusibles », ils risquaient d'être « *un peu pendus* », soit par les grands propriétaires, soit par les laboureurs incapables de payer leur terme. Désireux d'abattre ce système, beaucoup de Juifs de Russie vont fuir l'Europe, d'autres deviendront anarchistes, d'autres enfin rejoindrons les bolcheviks pour leur plus grand… malheur ; d'une part parce que **Staline** va les persécuter en tant que trotskystes, d'autre part parce qu'**Hitler** va faire de la lutte contre le judéo-bolchevisme un argument de sa guerre. C'est ce que révèle son testament empreint d'ignorance, de complotisme et de duplicité :

« *Mais je n'ai laissé aucun doute sur ce point, que si les peuples européens n'étaient, de nouveau, traités comme des paquets d'actions par ces conjurés internationaux de l'argent et de la finance, alors il serait demandé des comptes à ce peuple qui est le vrai responsable de cette lutte meurtrière : la juiverie ! Je n'ai pas non plus laissé régner l'incertitude sur ceci que, des millions d'hommes dans la force de l'âge ne pourraient trouver la mort, et des centaines de milliers de femmes et d'enfants être brûlés et bombardés à mort dans les villes, sans que le véritable responsable n'ait à payer sa faute, quoique plus humainement.* » *(sic)*

L'aveuglement d'**Hitler** était évident pour ses officiers de 14-18 qui l'ont souvent utilisé pour haranguer les soldats du front sans jamais le promouvoir sous-officier, malgré les besoins. La différence entre un manipulateur et un commandant n'est pas la mégalomanie (qui est le carburant de l'ambition), mais le discernement.

S'il avait étudié la question bolchevique avec plus d'attention, **Hitler** aurait découvert que les Juifs qui ont embrassé la révolution des soviets ont été massivement rejetés par leurs coreligionnaires. Léon **Trotski** fut giflé par son père, fou de colère et de honte des agissements de son fils. **Zinoviev**, Secrétaire Général du Komintern, fut élevé par des parents convertis au christianisme et ne s'est jamais considéré comme Juif. **Sverdlov**, premier chef de l'État soviétique, fut rejeté par sa famille. L'historien Juif Simon **Dubnov**, stigmatisa ces mauvais Juifs devenus Rouges :

« Dans notre communauté, il est apparu un bon nombre de démagogues qui se sont ligués avec les héros de la rue et les prophètes de l'insurrection. Ils apparaissent sous des pseudonymes russes, honteux de leur héritage juif (...). Ils n'ont aucune place parmi

nous ».

Le défi des Juifs contemporains est de faire face aux mouvements islamiques qui rêvent de les anéantir. En violant l'éthique, les djihadistes, lecteurs assidus de *Mein Kampf,* sont condamnés à échouer comme échouèrent les nazis qui rêvaient, eux aussi, de remonter le temps et restaurer de force la Société moyenâgeuse de l'Âge de Fer. Leur échec interviendra-t-il avant ou après une seconde *Shoah* ? C'est la question qui se pose aux Israéliens qui devront bientôt relever bientôt un triple défi :

1. Le défi de la fin des subventions américaines à Israël mais aussi à l'Égypte et à la Jordanie, piliers de la *pax americana* dans la région.

2. Le défi de l'implosion identitaire. En 2050, la population israélienne devrait se composer de 50 % de Juifs sécularisés, de 25 % de Goyim, et de 25 % de Juifs ultra-orthodoxes.

3. Le défi de la colonisation non-aryenne. La

« loi du retour » permet à tout Juif de faire son *alya*, sa « montée en Israël ». Que se passera-t-il lorsque les millions d'Africains ou d'Indiens qui se convertissent au judaïsme se présenteront à la frontière les bras chargés des rouleaux de Torah ?

L'identité juive présente un défi unique. Contrairement aux autres nations, la nation juive doit composer avec toutes des dimensions identitaires qui se sont agrégées au fil du temps en strates successives : l'identité tribale de l'Âge de Pierre (d'avant -621) et sa tradition orale, l'identité religieuse de l'Âge de Fer et sa tradition écrite talmudique, l'identité nationale de l'Âge d'Argent et sa tradition sioniste (depuis 1882), et demain l'identité raciale de l'Âge d'Or (qui est l'identité ultime puisqu'on ne peut renier sa race ou en acquérir une autre).

Jusqu'à présent, les Juifs Israéliens étaient presque tous des Aryens dont les ancêtres se sont convertis au judaïsme à diverses époques. Lors de la destruction du temple de Jérusalem en l'an 70, la grande majorité des juifs dans le monde étaient déjà des convertis, représentant 10% de la population du monde grec (dont faisait partie l'Anatolie et l'Égypte ptolémeenne). C'est à l'issue de la conquête de la Palestine par d'**Alexandre le Grand** (en -333) que la Torah fut traduite en grec et connu un immense succès auprès des élites hellénistiques qui se convertirent volontier au judaïsme. L'essor du christianisme, à la fin du premier siècle, a progressivement fait reculer la religion mosaïque.

En 1078, chrétiens et Juifs de Jérusalem furent massacrés par les Turcs **Seldjoukides** (Sunnites) qui chassèrent les Chiites **Fatimides** régnant à Jérusalem depuis l'an 970. En 1099, la première croisade fut la réponse à ce massacre. Les croisés prirent Jérusalem qu'ils vidèrent de leurs habitants non-chrétiens. Beaucoup de Juifs furent épargnés, pour des raisons… financières. Escortés en Ashkelon, ils seront vendus

« avec leurs livres » aux riches Juifs d'Égypte (descendants des Grecs convertis).

En 410, **Alaric** pille Rome. Quelques années plus tard, son peuple Wisigoth embrasse le catholicisme et s'installe à Toulouse et dans la péninsule ibérique. La conversion au judaïsme et au christianisme des peuples sous domination wisigothique n'a posé aucun problème jusqu'au jour où les Vandales se sont installés dans le sud de l'Espagne. Le conflit entre Vandales et Wisigoths va prendre une nouvelle dimension avec l'arrivée de l'islam au Maroc. Les Vandales se convertiront à tout ce qui n'est pas catholique et créeront une coalition de Mahométans, de Chrétiens hérétiques (partisans du prédicateur **Arius**) et de... Juifs. Ces opposants au catholicisme wisigothique vont fonder une Andalousie (pays des Vandales) indépendante, culturellement brillante, dont la seule faille fut de traiter les non-musulmans en *dhimmis*, en sous-hommes. Au cours des huit siècles de la *reconquista,* de la lutte contre l'abjection de la dhimmitude, Juifs et Musulmans vont être chassé des royaumes d'Espagne et du Portugal. Obligés d'adopter le catholicisme ou fuir en Afrique du nord, ces Juifs expulsés prendront le nom de Séfarades. De nos jours, c'est la plus ancienne communauté juive d'importance.

L'autre grande communauté juive est celle des Ashkénazes. En l'an 650, le peuple Khazar fonde un immense royaume situé entre la mer Noire et la mer Caspienne. Refusant de passer sous le contrôle des Musulmans qui poussaient au sud et terrifiés par la tyrannie impériale des Chrétiens Orthodoxes de Constantinople, leurs rois décidèrent de se convertir de but en blanc au judaïsme. Cela ne suffit pas à pérenniser l'État Khazar qui disparut en l'an 850, laissant des millions de Juifs Aryens d'Europe orientale à la merci des nations Russes, Polonaises, Lituaniennes…

Les Aryens sont de moins en moins enclins à accepter une invasion migratoire qui est en train de les rabaisser au rang de minorité dans leurs propres pays. Nul ne peut survivre dans une tour de Babel multiculturelle, dévastée et caractérisée par un marasme économique et une violence que les subventions massives parviennent de moins en moins à contenir. Qui cherche à placer ses enfants dans un collège dont les élèves viennent de 80 nationalités différentes ?

Faut-il avoir peur de l'invasion ? La peur est un réflexe de survie face au danger. Elle est salutaire, si elle est maîtrisée. Seuls les fous n'ont peur de rien et ouvrent grand les bras aux étrangers de tous poils. Dans le meilleur des cas, ils prient pour les voir renoncer à leur volonté d'imposer leurs traditions et leurs propres... lois. Xénophobie est le nom de la peur de l'étranger. Les xénophobes sont les ennemis des collabos (et inversement). Face une invasion, il faut choisir son camp. Xéno ou collabo : qui ira au poteau ?

Tous les gouvernements essayent de coller aux aspirations de la Nation et sont xénophobes : ils exigent des étrangers un respect des lois nationales et les forcent à renoncer à leurs anciennes lois. La xénophobie n'est toutefois pas un rempart face à une immigration invasion : dès que l'étranger imite les codes culturels de l'autochtone, il peut le remplacer. Il faut avoir une vision völkisch de la nation pour la défendre.

Pendant des millions d'années, les Hommes étaient si peu nombreux sur Terre, que lorsqu'un groupe en rencontrait un autre, ils se précipitaient l'un vers l'autre pour échanger leurs techniques, leurs croyances et leurs... gènes. Le socialiste, rêvant de l'Âge de Pierre, réagit d'instinct comme nos lointains ancêtres. Il voit dans l'étranger une opportunité d'échanges fructueux. De même qu'il rêve de revenir au communisme économique tribal, il rêve de métissage. Il a un cœur, mais pas de cerveau. L'Âge de Pierre n'est plus et le capitalisme exige d'accepter libéralisme et racialisme völkisch comme le prix de notre confort.

La vision völkisch est indispensable à la survie identitaire du Juif, du Suédois, ou du Tamoul ; mais comme le Juif est au centre de l'attention du fait de ses multiples facettes identitaires et doit se battre plus que tout autre pour échapper au sort que lui réservent les jaloux de sa résilience, l'anti-völkisch, le militant *no-border*, l'antifa, l'égalitariste, le droit-de-l'hommiste, devient tôt ou tard anti-juif. À l'image d'**Hitler** qui les avait utilisés pour souder protestants et catholiques, les anti-völkischs se servent désormais des Juifs pour souder Blacks, Blancs et Beurs. La *Shoah* devient « pornographie mémorielle » et le Congrès Juif Mondial, l'antichambre de la guerre des civilisations.

La peur d'être manipulé par des forces occultes est dans la nature humaine. Si les conspirations existent, tout n'est pas conspiration ! La mythologie hébraïque du « peuple élu » qui donne aux Goyim la puissance du nombre et aux Juifs l'excellence de l'élite, déstabilise les Goys oublieux de leur identité. Ces sots redoutent d'être exploités tel un cheptel de sous-hommes, don du dieu Yahvé à ses « élus ». Ce sentiment est renforcé par quelques piquantes sentences talmudiques :

« Les Juifs seuls sont des Hommes et les autres Nations ne sont que des variétés d'animaux. (...)

Tous les peuples de la Terre seront enchaînés au trône d'Israël, à la suite d'une guerre mondiale atroce où les trois quart des populations seront décimées. Il faudra trois cent ânesses pour porter les clés du trésor. »

Il ne faut que quelques minutes sur Internet pour prendre connaissance du « Talmud dévoilé », mais ces sentences sont davantage la preuve d'un tribalisme naïf que d'une conspiration. Comme toutes les religions, le judaïsme est sur le déclin. Le danger est que les Goys persistent à dissoudre leur identité dans l'universalisme. Plus ils seront faibles, plus ils verront les Juifs comme dangereux, sûrs d'eux et dominateurs. Les judéophobes vont jusqu'à affirmer que certains Juifs riches cherchent à utiliser les Juifs pauvres comme masse sacrificielle destinée à culpabiliser les « peuples bourreaux » et s'assurer une impunité et une domination éternelle. Une de ses variantes explique que les hérésies du sabbataïsme et du frankisme ont pénétré les élites catholiques, protestantes, et musulmanes afin que Satan s'empare du monde en s'incarnant dans une idéologie destructrice : le mondialisme.

Sabbataï Tzevi fut un rabbin pris pour Messie par de nombreux Juifs de l'empire Ottoman. En 1666, menacé de mort par le Sultan, il se convertira à l'islam. La conversion de **Sabbataï** et de ses disciples marquerait le début d'une infiltration malfaisante dans les élites musulmanes. Un siècle plus tard, **Jacob Frank** déclara qu'il était la réincarnation de **Sabbataï** et donc la réincarnation du Messie. **Frank** incita les Polonais se convertir en masse au catholicisme, ce que beaucoup firent. Leur but : infiltrer les élites politiques afin de faire le... mal. Sabbatéens et Frankistes croyaient qu'en inversant les commandements de la Torah, qu'en vénérant Mammon, fils de Satan, l'avenir serait radieux. Le mal devait engendrer le bien. Afin de ne pas attirer l'attention des Goys et de leur justice, volontiers expéditive, les héritiers de **Sabbataï** et de **Frank** concentrèrent leur action sur une sexualité orgiaque entre adultes, mais aussi sur leurs propres enfants. Promoteurs fanatiques de la gouvernance mondiale et des droits de l'Homme, ces adeptes du côté obscur de l'élitisme rêvent de faire de Jérusalem la capitale des élus corrompus, l'anus du monde d'où sortit tant de grandes religions et d'où devra sortir tant de guerres.

Déstabilisés par leur civilisation en mutation perpétuelle et horrifiés par leurs turpitudes guerrières, trop de Goys attaquent encore les Juifs pour ce qu'ils sont et non pour ce qu'ils font. Comme c'est injuste et qu'ils se voient comme de nobles combattants, ils protestent qu'ils ne sont pas judéophobes *a priori*. Ils le seraient devenus après mûre réflexion. C'est un masque. **Hitler** l'a lui-même utilisé :

« Il n'y avait que très peu de Juifs à Linz. Au cours des siècles ils s'étaient européanisés extérieurement et ils ressemblaient aux autres hommes ; je les tenais même pour des Allemands. Je n'apercevais pas l'absurdité de cette illusion, parce que leur religion étrangère me semblait la seule différence qui existât à entre eux et nous. Persuadé qu'ils avaient été persécutés pour leurs croyances, les propos défavorables connus sur leur compte m'inspiraient une antipathie qui, parfois, allait

presque jusqu'à l'horreur.

Je ne soupçonnais pas encore qu'il pût y avoir des adversaires systématiques des Juifs. (...) Je ne voyais encore dans le Juif qu'un homme d'une confession différente et je continuais à réprouver, au nom de la tolérance et de l'humanité, toute hostilité issue de considérations religieuses. En particulier, le ton de la presse antisémite de Vienne me paraissait indigne des traditions d'un grand peuple civilisé. J'étais obsédé par le souvenir de certains événements remontant au Moyen Âge et que je n'aurais pas voulu voir se répéter. »

Mein Kampf (Tome 1, Chapitre II)

Nul besoin d'être anti-juif pour tuer les Juifs. Il suffit que l'État ait besoin de leur sacrifice. Le nouveau Golem des Juifs est la religion des droits de l'Homme. D'un côté, elle est antinazie. D'un autre côté, elle conduit à traiter les Juifs comme elle traite les Aryens, collectivement coupables d'hégémonie économique, culturelle, ou politique. Cette culpabilité collective ouvre la voie aux punitions collectives qui peuvent aller… loin. Le droit-de-l'hommisme est basé sur le laxisme, le laxisme mène à l'injustice, et la révolte contre l'injustice conduit au conspirationnisme qui légitime la criminalité étatique, rapidement incontrôlable. Ainsi le Juif ne reste-t-il pas longtemps seul victime. Il n'est que le premier à tomber, l'annonciateur des temps hostiles, le canari dans la mine.

Pour vendre le « vivre ensemble », pour vendre l'alliance entre les masses molles occidentales et les masses molles arabo-africaines, il est impératif de désigner l'ennemi de l'intérieur, le coupable qui n'entre pas dans le trio « Black-Blanc-Beur ». Les faux humanistes du multiculturalisme sont d'autant plus dangereux qu'ils frapperont froidement, pour des raisons politiques et non pour des raisons personnelles ou théologiques, toutes deux peu susceptibles de mobiliser durablement un large public. Ces nouveaux judéophobes feront du peuple mosaïque le bouc émissaire de la crise économique, incapable de comprendre (de bonne ou de mauvaise foi) que celle-ci a pour origine l'agonie de l'État et non une conspiration de banquiers et d'animateurs télé. Peu importe que seul le boom technologique transforme le monde. Peu importe qu'aucune des grandes banques internationales ne soit "juive". Peu importe que lors de la prochaine crise elles seront toutes « nationalisées » (étatisées).

On a le droit de ne pas aimer les Juifs. Mais qui peut croire qu'une conspiration « judéo-maçonnique » soit à l'origine de l'endettement massif de l'Allemagne (80 % du PIB), ou du Japon (250 % du PIB) ? Combien y-a-t-il de Juifs dans les institutions Allemandes et Japonaises, mais aussi Russes, Saoudiennes, ou Indiennes ? Qui sont les Juifs à l'origine des ambitions de l'État Turc, des manœuvres de l'État Iranien, et du racisme des États du sud de l'Afrique qui abritent le mouvement *One Jew, one Bullet* (un Juif, une balle) ? Combien y-a-t-il de Juifs parmi les « 9 empereurs » qui dirigent la Chine ? Si le judaïsme était la religion du lobbyisme et des magouilles, tous les malfrats devraient se convertir ! Pourquoi ne courent-ils pas chez les rabbins afin de rejoindre « l'élite » ? Si les lobbyistes sont détestables par les passe-droits qu'ils réclament au gouvernement et qu'ils finissent souvent par obtenir, les résistants devraient d'abord condamner... l'État ! Si demain, tous les Juifs et tous les Francs-maçons devaient disparaître de la surface de la Terre, que se passerait-il ? Rien. Les gouvernements continueraient de racketter le peuple et les Banques Centrales continueraient de produire de la fausse monnaie génératrice d'inflation qui enrichit les riches au détriment des pauvres.

Les complotistes contemporains sont les vrais héritiers d'**Hitler** : ils condamnent la crise tout en se refusant d'accuser l'État, ce totem putride. Ils ignorent volontairement son poids (50% du PIB, 100% du racket, 100% des dépenses contraintes, 100 % de la corruption, 100% des prohibitions, 100% des guerres). Ils se refusent d'étudier sa nature, comment il est apparu, pourquoi il s'est développé, en quoi il est devenu antiéconomique, et par quoi il va être remplacé. Les conspirationnistes ne vont pas « trop loin ». En fait, ils ne vont pas assez loin. Ils ne poussent pas leur travail intellectuel jusqu'à remonter à la source du mal. Ils se contentent de tisser des liens entre des événements sans connexions réelles. Érudition n'est pas raison. Faute de décrire quelles sont les forces économiques, psychologiques, anthropologiques, philosophiques, historiques, et technologiques qui façonnent le monde, ils font appel à un *deus ex machina,* à une assemblée de conspirateurs qui piloterait la Terre dans un but malfaisant. Les conspirationnistes sont des fainéants érudits qui s'adressent à un public de fainéants ignorants.

Si la baudruche conspirationniste éclate dès qu'on gratte un peu, il n'en est pas moins vrai que le judaïsme souffre d'un « défaut de conception », d'un paradoxe qui a des conséquences fâcheuses, pour les Juifs comme pour les Goys.

D'un côté, le peuple juif fut élu par Dieu et cette élection se transmet par le sang, par la race : même le converti au judaïsme ne serait qu'un Juif réincarné (un mauvais Juif, un *Racha'* dans une vie antérieure, revenu dans le corps d'un Goy ou d'une Goya pour racheter ses fautes).

D'un autre côté, Dieu n'a créé qu'une seule race humaine à partir d'Adam et Eve. Le métissage serait donc bienvenu.

Du point de vue juif, ces postulats antinomiques poussent à choisir l'un ou l'autre, sortir du judaïsme, ou vivre sa foi en schizophrène.

Du point de vue goy, ces postulats antinomique créent un double standard : les Juifs chercheraient à préserver leur race tout en incitant les 70 nations goyim à se métisser.

Faites ce que je dis, mais pas ce que je fais !

C'est grâce au double standard qu'**Hitler** convertit des millions d'Allemands à sa judéophobie :

« *Ce furent et se sont encore des Juifs qui ont amené le Nègre sur le Rhin, toujours avec la même pensée secrète et le but évident : détruire, par l'abâtardissement résultant du métissage, cette race blanche qu'ils haïssent, la faire choir du haut niveau de civilisation et d'organisation politique auquel elle s'est élevée et devenir ses maîtres.* »

Mein Kampf (Tome 1 Chapitre XI)

Épisodes

Printed in Great Britain
by Amazon

62536928R00037